僕は女性でもなければ、既婚者でもありません。

尊敬や憧れだけは持っていましたが、妊娠や出産についての専門的な知識などは、皆無に等しい状態でした。

そこで、この本を作るにあたって、妊娠・出産の経験があるママたちにアンケートの協力をいただき、様々な意見を聞かせてもらいました。さらに、それに関する沢山の資料を読みました。

その中で、おなかの中にいた時の記憶が残っている子どもが実際にいるということや、自分でママを選んできたという赤ちゃんがいることを知り、僕はとても驚き、そして感動しました。


この本は、そういったエピソードやママたちの声、そして僕自身の想いを重ね合わせてできあがった、すべての女性へのエールです。


妊娠中のママ、出産経験のあるママ、ママになりたいと願っている人。

…そして隣でママを支えている人たちへ。

この小さな一冊の本から、ほんのすこしでも、勇気と元気が届きますように。

ナカムラミツル

ここは雲の上の、
たましいの国「神《こう》野《の》公《こう》園《えん》」。

ボクたち
「赤ちゃん」は、
ここからママやパパを選んで
地上に降りていきます。

みんなは次々と、
それぞれのお母さんのおなかへ続く
階段を降りてゆくのに、
憶病なボクは、どうしても
降りていくことができませんでした。

ある日、いつものように、
空からビクビクと下を見下ろしていると、
とっても優しそうな女の人を見つけました。
「この人にママになってほしい！」
なぜだかすぐにそう思いました。

その人は、どうやら赤ちゃんを欲しがっているみたい。

でも、よく見ると、その人のおなかには、
降りてゆくための階段がつながっていませんでした。

階段がなければ、その人の赤ちゃんにはなれません。

「そんな…やっと見つけた人なのに…」

そのとき、目の前が明るく光ったかと思うと、
目つきの悪い犬に乗った少年があらわれました。
「おいは、小豆。この犬は大豆。おいたちは出産案内人。
おまえを、あの人のところに連れてっちゃろうか？」
「ほんと？」
「…ばってん、体の強うなか人の中で
10ヶ月間過ごすとは、
階段を降りることとは、
くらべもんにならんぐらい、
恐《こわ》かし、きつかばい。
覚悟はあっとや？」
ボクはコクッとうなずきました。
「よし、うしろに乗りんしゃい！」

その日から、10ヶ月間の、
ボクとママと小豆たちの物語が幕をあけました…

いつも みてるよ。
がんばってるの、
しってるよ。

ナカムラ ミツル

もくじ

ママ

赤ちゃんがほしくてたまらないけれど
なかなか子宝にめぐまれずに
なやんでいた。今回やっと
ねがいが叶った。

ボク

おくびょうな赤ちゃん。ママと出会うまでは
なかなかゆうきをもてずにいた。

小豆《アズキ》と大豆《ダイズ》

ボーンコーディネーター（神の使い）の小豆と
安産の守り神の大豆、小豆はなぜか
九州弁。「こまめ」と呼ばれると おこる。

ピッピ

ママを おうえんするために小豆に よびだされた
ヒヨコ豆 のようせい。おしゃぶりがわりの フエが
ないと おちつかない。

起こす奇跡

奇跡を不意に起こると思っている人がいるかもしれないけれど、奇跡の中には、「準備なしには絶対に起こらない奇跡」ってのもあるんだ。と僕は思ってます。たとえば、赤ちゃんができるなんてことは、もちろん奇跡でもあるけれど、僕の中ではまさしく、「起こるべくして起こったこと」…つまりそこに向かって準備していないかぎり起こらない出来事。生命の誕生はすべて必然。偶然とはまったく逆の奇跡なんです。

偶然起こる奇跡よりも、必然的に起こす奇跡の方が、ずっと素敵だとは思いませんか?

奇跡は偶然
じゃない。
ちゃんとじゅんび
された上で
起こるべくして
起きている。
赤ちゃん《あなた》との
出会いが
そうだよ。

ママがママだから

よくドラマとかで「生んでって頼んだわけじゃないのに！」とか「子どもは親を選べない」とか言ったりするじゃないですか。でもあれはよくある決めゼリフでしかなくて、実際は、自分で選んでると思うんです。僕自身も、やっぱりそう。「自分はこの家族を選んで生まれてきたんだ」って自信を持って言えます。たしかに、それには、医学的な確証もないんで、「じゃあ証拠はどこにあるの」って聞かれたら、まったくもって困ってしまうんですけど…。でも僕は、それを信じることをやめたくないし、できればこの世に生まれて来たすべての人が、そう信じ続けてくれたらいいなと思っています。

ママが
ママだから
ぼくは
ママを
えらんだ
んだよ？

しるし

僕たちが生きているあいだに経験するつらいことには、きっと、いつもなにかしら「ちゃんとした理由」があると思うんです。そして、その理由が何かがわかりさえすれば、そのつらさを許せるときもある。

つわりって、きっとすごくすごく大変なことだと思います。だけど、つわりがあるってことはおなかに子どもがいるって「しるし」で、むしろ「いるんだよ」って安心させてくれる「サイン」なんですよね。

光なしには影が生まれないように。

つわりは
しるし
おなかに
ボクが
いるって
しるし
…ごめんねママ

またくるね

僕の母ちゃんは、兄ちゃんと僕の間で一度、泣く泣く中絶したことがあるらしいんです。でもそれからしばらくして僕を身ごもってくれました。母ちゃんは「今度こそ」って細心の注意をはらって、10ヶ月間をのりきって、帝王切開で僕を生んでくれました。その話を聞いたときに思ったんです。「その中絶のときの子もたぶんオレだわ。オレ、母ちゃんのこと二回も選んでやってきたんだ…」って。だから、これはきっと、僕が胎児だったときに母ちゃんに対して思ったこと。「結んでた紐みたいなのは、いろんな事情で一回切れちゃったけど、まぁとりあえず今回は我慢して、もう一回ここに戻ってくるから安心していいよ」って。

同じように流産《なが》れてしまったり、やむをえない理由で泣く泣く中絶してしまった人もいるかもしれない。でも、次にまた身ごもったとき、おなかに来てくれるのは、きっとその時と同じ子なんだと思う。だから、安心して。だから、哀しまないで。だからそんなに自分を責めたりしないでください。

どうしてもつらいなら
ママはボクよりも
自分をえらんで
くれていいよ？
大丈夫。
ボクは必ずまた
くるし、また
ママのことを
みつけるから
なんどでもなんどでも
みつけるから…大丈夫。

メッセージ

おなかにいるときの赤ちゃんの心臓って、ものすごく小さいわけじゃないですか。こんなに小さい心臓なのに、もうドクドクと音をたててる。その音ってきっと「生きたい」「ボク、生まれたいんだ」っていう叫びだと思うんです。言葉じゃないけど、音として聞こえる叫び。

か細くも、切実で、あたたかい。そんな赤ちゃんからの命のメッセージに耳を傾けてみてほしいのです。

ちいさい
しんぞうで
"ドクトク"
がんばってる
「生きたい」って
叫びが
もうきこえてる。

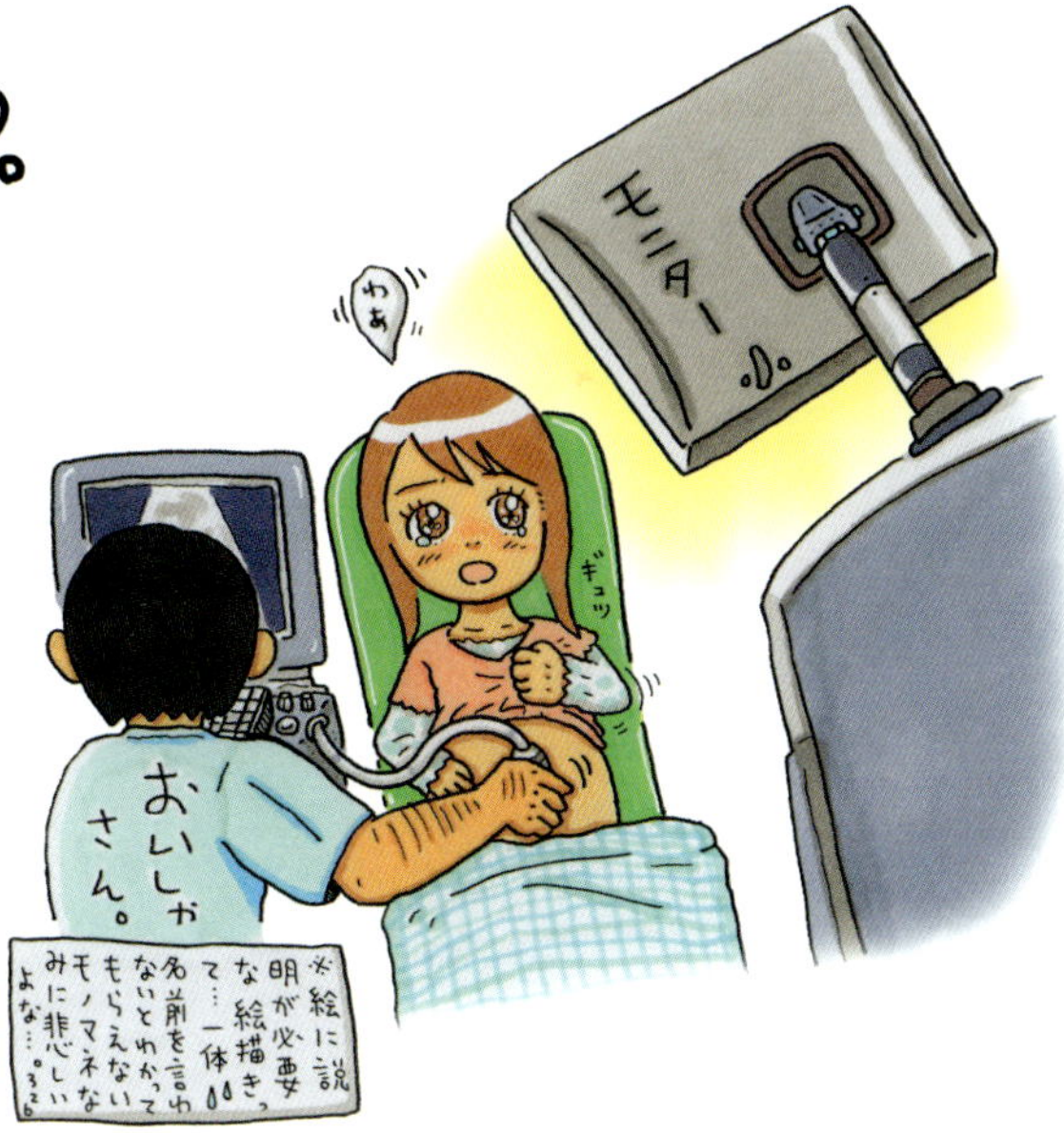

モニター
わぁ
ギュッ
おいしゃさん。
※絵に説明が必要な絵描きって…一体 名前を言わないとわかってもらえないモノマネなみに悲しいよな…。

挑む勇気

やりがいのある大きな仕事は、それがどんなに誇らしいことだとは、わかっていても、とりかかるのには勇気がいるものです。でも、だからこそ誰でも挑めるのではなく、覚悟をもった人にしか挑めないものだと僕は思います。

だから、男性ももっと妊娠・出産に挑む女性に対して、尊ぶ気持ちをもつことが大切なんですよね。

大変てわかっとって
それでも
「産む」て
決めてくいて
ほんなって
ありがとう。

えすーなか「はじめの一歩」はなかさい。
だけん強うなっていくっちゃん、人は！
ピピ
ピー

ぼくのいちばんすきなばしょ

暑さや寒さや、雨や風など…ふりかかるその全てから、赤ちゃんを守る「あたたかい家」が、ママ（あなた自身）なのです。

ママの中って
あったかくて
とっても
きもち
いいんだよ

だいすきなんだぁ
ボクは　ここが。

10/960

妊娠している10ヶ月間の我慢は、自分の我慢だけじゃなくて、子どものその後の80年分の人生を左右する我慢。そう思えば、どんなことも越えていけるんじゃないでしょうか。それに、我慢したら、そこに見合うだけの見返りがあると、僕は思います。妊娠中は、つわりも大変だろうけど、なるべく栄養があるオイシイものを食べてくださいね。

今、私が食べてる物が
あなたになる。
だから大切に、ていねいに
しょくじをしたい。

たかだか
数ヶ月間が
のちのあなたの
80年になるのだと
思えば、こんなに
短いものはない。

がマンできない
わけがない。

ママえらい！

おなかの赤ちゃんを愛しく受け入れたとき、同時に今まで生きてきた自分のことも肯定してあげてください。赤ちゃんも、パパもきっと同じようにあなたに「ありがとう」って思ってくれているはずです。

ママがいなかったら
あたりまえだけど
ボクはいなかった。

ねぇママ。
今まで生きて
いてくれて
ほんとにほんとに
ありがとね。

ほんとのつよさ

人間って不思議なもので、自分のことを守ろう守ろうって思っているときって、逆にドンドンもろくなってしまうんですよね。だけど、誰かのことを守ろうとすると、ものすごく強くなれる。外に対する肉体的な強さも、お母さんの中に生まれる精神的強さも、そういうふうに、守るものがあってはじめて強くなるんだろうな…って思います。

守るものがある人間って、本当に強い。そして、かっこいい。

誰かを守ろうとすると
人は強くなる。
自分を守ろうと
すると、人は
弱くなる。
だから私は
強くなれたよ。
あなたに出会えた
そのおかげで…。

ママというお仕事

働きたい盛りの女の人が妊娠によって仕事を休んだり辞めたりしなくてはならないのはすごく悔しいだろうなって思います。産休って、F-1で言う、ピットインみたいなものだから、F-1でもピットインにもたついていると、その間に抜かれたりすることも多いし、走り続けていた方がやっぱり早いもの。でも、子どもをおなかに宿して、出産して、育てる…っていうのは、女の人にしかできない素晴らしいひとつの「仕事」だと思います。だから「私は今、お母さんっていう仕事をしてるんだ」って胸を張って言ってもらいたいです。

仕事が「生きがい」な人ほど
「産休なんてまっぴら」て
思うかもしれん。

ばってん、「お母さん」て
がっばいスゴかお仕事て
オイは思っとる。
出産も育児も
立派なお仕事。

その、あたらしか生きがいに
胸ばはってほしいっちゃん

お母さんへ

たくさん大変なことがある妊娠期間をすごしながら、大変なら大変なほどきっと「あ、私のお母さんも、こんな思いをして私を生んでくれたんだな」って感じるはずだと思うんです。たとえば、疎遠になっていたり、ケンカしたままになっていたとしても、これを機に、お母さんにお礼を言いたくなるんじゃないでしょうか？　もしも母子《ふたり》の間に隔てた距離や、小さな溝があったとしても、妊娠って、それを近付けたり埋めたりできるくらいの強さを持ってる。だからもし、お母さんと仲良くできていない人がいたら、どんな方法でもいいから「ありがとう」って伝えてほしいと思います。妊娠の大変さの実感を、めいっぱい込めて。

こんなに大変な10カ月間を
私のお母さんもすごして、そして
私のコトを産んでくれたんだね…

今さらだけど伝えたい
顔を見たらてれるから
電話でそっと伝えたい

ケンカしたままずっと
口をきいてなかった
お母さんに…

「ごめんね」のかわりに
「ありがとう」を。

ママが、ママのママに電話をしていました。

「あら、電話なんてめずらしい。どうしたの？」

「報告があるの。…あのね、ありがとうね。
こんな大変な思いを10ヶ月間も我慢して…
あたしを生んでくれたんだね…」

「バカね…急に、お礼なんて…」

受話器のむこうがわで、ママのママが
どんな顔をしているのかが、
ボクにもわかりました。
それはきっと、ママにも。

「でも、うれしいけど、不安なの。こわいの。
私、身体がそんなに丈夫ってわけでもないでしょう？
お医者さんも、大変かもしれませんって言ってたし…。
でも、ずっと、欲しくって、何年も待って、
やっとやってきてくれた赤ちゃんだから、
私、どうしても生みたくって…。
お母さん、私、どうしたらいいのかな？」

ママのママはゆっくり、
やさしくそれに応えました。

「もう、答えは出てるじゃない。
あなた今、自分で言ってたわよ。
どうしても生みたいって…。
それが本音。それでいいの」

ママの目には涙が光っていました。

「あなたが目指したいと思った場所にしか、
あなたが求める答えは存在しないのよ。
だから、自分と自分の赤ちゃんを信じて、
歩き続けなさい」

「そうだよね。…ありがとう…お母さん…」

そして電話を切りかけたママに、
ママのママが言いました。

「あ…言い忘れた。最後にひと言だけ…いい？」

「ん？　なあに、お母さん」

「…おめでとう」

受話器ごしのふたりは、
きっとおなじ顔をしていたんだと思います。

その一部始終をそばで聞いていた小豆と大豆は、
ビービーと泣いていました。
ピッピは、ピーピーと泣いていました。
かわいかったです。

ママを選んで、ほんとによかった。

ほかの人よりちょっと大変かもしれないけれど、
それでも、よかったと、ボクは思いました。

親孝行

身を粉にして働いて、家族に尽くすのももちろん大切ですが、たまには休んで自分のことも大切にしてみてくださいね。あなたの家族も、きっとそれを望んでいるはずですから…。

家族の顔を想像しながら。

いまだからわかる。
自分を大切にすることが
いちばんの
親孝行だったんだな。って。

グスン……
ママもこんなかんじでじゅんびしてくれてたのかな…?幸せだな…うれしいな…。

こっそりとした愛

うちの父ちゃんは口下手で、言葉ではほとんど愛情表現してくれない人だったんですよ。でも、父ちゃんが他界して、僕も大人になってから、僕が幼稚園に行く後ろ姿や、兄ちゃんと遊んでるときの写真とかがいっぱい出てきたんです。それ、父ちゃんが、僕が出かけるのを急いで追いかけて、僕に気づかれないようにこっそり撮っていてくれたものなんですよ。写真を見つけたとき、ほんともう嬉しくってしょうがなかったです。「あぁ俺、父ちゃんに愛されてたんだな」って。「言葉」はいっぱい在るけれど、それをひとつも使わなくたって、「背中」や「行動」で、何かを伝えることってできるんですね。そして、ときとしてそれは言葉よりも強く、相手に想いを届けてくれる。これは僕の父ちゃんが教えてくれた大切なことです。

言葉ではなく
姿でしか
伝えられ
ない
コトが
あるっ!!

（…と、犬語で言っている）

スクスク太る

妊娠すると、胎児の重さや、皮下脂肪で体重は増えますよね。あたりまえのことなのかもしれないですけど、女の人にとっては、やっぱり気になると思うんです。もちろん激しく体重増加しすぎてしまうのも身体のためによくないですけど、妊娠のときは、決してブクブク太ってるんではなくて、スクスク太っているって思ってほしいんです。だってそれは命そのものの重さだったり、命を守るための栄養だったりするんだから。

けっして「体重が増える」=「嫌なこと・悪いこと」ではないんですよね。

ふえた体重《おもさ》が
命《ボク》の重さ
だからそれを
ブクブク
じゃなく
スクスク
だって
思ってね。

福産物♡

車によく貼ってある「赤ちゃんが乗っています」のステッカーじゃないですけど、それを見ることでつい道をゆずっていたり、たとえ先を急いでいたとしても、穏やかな気持ちで待ってあげられることってやっぱりあると思うんです。そう思うと、妊娠がくれるいちばんのプレゼントはもちろん赤ちゃんそのものですが、他にも副産物として、周りの人たちの優しさや暖かさに触れられるっていうのは大きいなぁと思います。妊娠や出産って、いろんな人にたくさんのプレゼントをくれるんですね。

妊娠がくれる
プレゼントは
赤ちゃん
だけじゃない。
妊娠中に得ら
れる、もうひとつ
のプレゼントは、
「周りの人たちの
あたたかさ」なんだ。

ど…どうぞ
ササッ
パッ
うそっ!?
ちょっとてれてる。
てゆうか失礼。

ひとりじゃないよ

おなかの中の赤ちゃんはぜんぶ見てます。そして「ママすごいなぁ〜。ママえらい！」っていっつも言ってるはずなんです。おなかの中から愛を込めて…。

いつも
みてるよ。
がんばってるの、
しってるよ。

「何もしない」をする

お母さんもね、ずっと身体を休めていたら、「私、何もしてないんじゃないかしら」と不安に思うことがあるかもしれない。何もしないってそれだけで、なまけているような感じがしてイヤかもしれないけど、意識して、「私は今日、何もしないんだ」って決めてやると、それも行動のひとつになるんですよね。だって、休もうと思って休むのは、がんばっているのといっしょだから。

明日んために
休むとは、
今日
がんばっとと、
いっしょばい。

それと…愛

特別な存在としてではなくて、まるで何かのついでのように、本当にもう当然のように愛してると思えたとき、「愛」っていうのは、本当の愛になるんじゃないかなぁと思います。ものすごくわかりやすく中心に置いたはげしい愛よりも、「愛してるよ。それがなに?」っていうふうに、当然すぎて、なにかのついでのように穏やかに、そばにいつもコロンところがってるようなものが本当の愛だと僕は思っています。

「当然」という、在って当たり前なものに
人は中々、敬意を払えないけれど…
特別だと思っていたものが当然だと
思えた時、
それは実体を
得るのだと
思う…。

大それたこと
じゃなく、
何かのついで
のように当然に、
あなたを愛してる。

すてきな明日の作り方

何もなしに、とつぜん素晴らしい未来が訪れたりするはずなんてなくて、そこには必ず、丁寧に大切にすごしてきた毎日が、しっかり隠れているんですよね。「休むことも必要って言ってたじゃん！」と矛盾を感じるかもしれないけど、それとこれとは違います。力を抜くっていうのと、手を抜くっていうのは、似ているようで別のものだから。

手を抜かなかった
今日《まいにち》の
積み重ねが
すばらしい
未来《あした》を
つれてくる
（…と犬語でいっている）

ぜんぶきこえてるよ

僕のばあちゃんが入院してたとき、最期の二週間〜三週間はずっと目を覚ますことなく寝ていました。だから、みんな、あまりばあちゃんに話しかけてなかった。でも僕はずっと話しかけていたんです。そしたらある日、ばあちゃんが奇跡的に目を覚ましたんです。僕はびっくりしながらばあちゃんに、「ばあちゃんが寝てる間にずっと話しかけよったばい」って言いました。そしたらばあちゃんが「ぜんぶ聞こえてたよ」って言ってくれたんです。だから僕もすぐ、「そうね」って答えました。そのときのばあちゃんの言葉がどれだけ僕を救ってくれたか…。

妊娠してるときも、返事がないから不安になるかもしれないけど、話しかけてることはぜんぶ伝わってる。返事もしてる。赤ちゃんにしてみたら、逆に、返事をしてるのにそれが伝わってないもどかしさが、あるはずなんです。「どうして？　ボクこんな返事してるのに…」って。だから、自分の赤ちゃんを信じて、話しかけ続けてほしいんです。「伝わってるよ」「返事も聞こえてるよ」って。赤ちゃんを安心させるためにも。

きこえないかも
しんないけど
わかんないかも
しんないけど
ママのことばに
ぼく、ちゃんと
こたえてるよ
ぜんぶ きこえてるよ
ママの こえ

チームワーク

もちろん当事者であるママがいちばん大変なんだけど、パパだって、一緒に妊娠しよう、出産しようって思うくらいになってほしい。それにたいがいのパパは、妊娠に対してけっこう無知だから、「助けたいんだけど、どう助けていいかわからない」っていう状態だと思うんです。だから助けを求めてあげて、パパにも役割を作ってあげるのもいいと思います。パパだけではなく、もちろん家族もね。絶対みんなサポートしてくれるはずだから。

妊娠や
子育ては、
独りでする
もんじゃなか
みんなで
するもんばい。

あなた＋わたし＝赤ちゃん

ひとりで何かをやりとげるってことは、それはそれで素敵なことだと思う。だけど、妊娠も出産もひとりではできない。相手がいないとできないんです。そのぶん大変なことも多いとは思うけれど、こんなに素敵なことって他にない。だって生まれてくる子どもは、自分がいちばん大好きな人と、自分自身の半分ずつを持っているんだから。だからこそ素敵。だからこそ大切にできる。だからこそ愛さずにはいられない。そう思います。むしろクローン人間みたいに、ひとりで形成されてる自分とまったく同じ人間じゃダメなの（笑）。これは、パパにも忘れないでほしいなって思います。

あなたは、私の半分と
あの人の半分づつを
もって生まれてくるん
だね。そう思うと、
すてきすぎて、うれし
すぎて
愛さず
には
いられ
ない。

だっこ

赤ちゃんはきっと、ママにだっこされる日を願って、夢見ながら、おなかの中にいるんだと思います。お母さんが赤ちゃんを抱く日を楽しみにする気持ちに、負けないくらい強く。だから、赤ちゃんが生まれたら、たくさんたくさんだっこしてあげてくださいね。

ボクはママを
さわれるのに
ママはボクを
さわれない
んだね。

早く生まれて
ママにだっこして
もらいたいな。

大きく変わる

「大変」っていうのは、誰かが成長しているときや大きくなろうとしているときに、ついて回るもの。特に妊娠しているときって、おなかの中の赤ちゃんがつねに大きくなろうとしてるんだから、ママは本当に大変。でも、きつければきついほど、ゴールに近付いているんですよね。

「大変だから成長してる」のではなくて、「成長してるから大変」なんだと、僕は思います。そして、それはきっと育児の時にも言えることだと思います。ほら、赤ちゃんはドンドン大きくなってますよ！

大きく変やるて書いて
「大変」
今、お前が大変
かと、やったら
そいは
成長しよ
る、から
けんばい。

アレッ!? なんか急にラクになった気がする…
プル
プル
プル
プル

© 小豆

「ボクが生まれたら、みんなはどうなっちゃうの？」
ある日、ボクは小豆に質問をしました。
「どうもならん。また次の子のもとにいくだけばい」
ちょっとだけショックでした。
せっかくこんなに仲良くなったのに、
もうみんなに会えなくなっちゃうなんて…。
ボクがしょんぼりしていると、
小豆がフキゲンそうにボクに言いました。
「もともと、おまえをぶじに生まれさせるために、
おいどんは、やってきたとばい。
なのに、そんな顔ばされたらメイワクか。
それに、生まれる前の記憶はいつかはぜんぶ忘れるけん。

心配することはなか。
哀しゅうも、さみしゅうもなかとばい？」

ショックで涙があふれてきました。

「人は、こういう出会いとか、別れば、
なんども繰り返して大人になっていくとばい。
おまえがそれを繰り返して、
どんどん大人になることが、
おいどんはなによりも、うれしかと。
ばってん、それを怖がって、
おまえが立ち止まったりしとったら、
おいどんがなんのために、
応援しにきたかわからん。
おまえは、おいどんば、哀しませたかとや？」

ボクはただ、首をヨコにブンブンふりました。

「出産は、おまえも大変ばってん、
ママは、もっともっと大変か。
おまえのがんばりと応援がなかったら、
ぶじに終わらんかもしれん。
ママのことを、守りたかっちゃろう？
ふりかえんしゃんな。
せいいっぱい、前だけをみて、
ママば、応援せんぎ、いかんとばい。
わかるか？」

ボクは首をタテにブンブンふって、
その言葉に応えました。

そしたら、ピッピがボクの足にピトッと
くっついてきて、大豆が大きな体で包んでくれて、
そして小豆がギュウって抱きしめてくれました。
ボクは涙がとまりませんでした。

「さっきは、きつい言い方して…ごめんな。
おいどんもおまえと別れるとの、
哀しゅうなかわけ、なかろうが…。
ばってん、それ以上に、
おまえがぶじに生まれて、
ママにだっこされよる姿をみることが、
もっと楽しみやし、うれしかとばい。
おまえが大人になっていく姿ば、
おいどんはちゃんといつも見よる。約束する。
だけん、ふりかえったりせんで、全力で生まれて、
ママのことを、守ってやらんといかんばい？
約束ばい？　…な？」

小豆も大豆もピッピも、泣いていました。
ボクはとにかく、首をタテにふり、
もうふりかえらないことを、決めました。

小豆の体ヌルヌルしててキモチワルイ…
だれのせいだ。コンニャロメ
だきしめるフリして、ハナ水をなすりつけてる。
つぶれそう

「うん…約束する…。みんなのためにも、ママを、守る」
そしたら、小豆があたまをなでてくれました。
ボクのトレードマークのとがった髪の毛が
クシャクシャになるくらい、
なでなでしてくれました。

この日の、この会話のおかげでボクは、
なんとなく…ではなく、ハッキリと、
「生まれたい」という意志をもって、
出産をむかえることができたんだと思います。

うん。
今だから、ハッキリそう思えます。

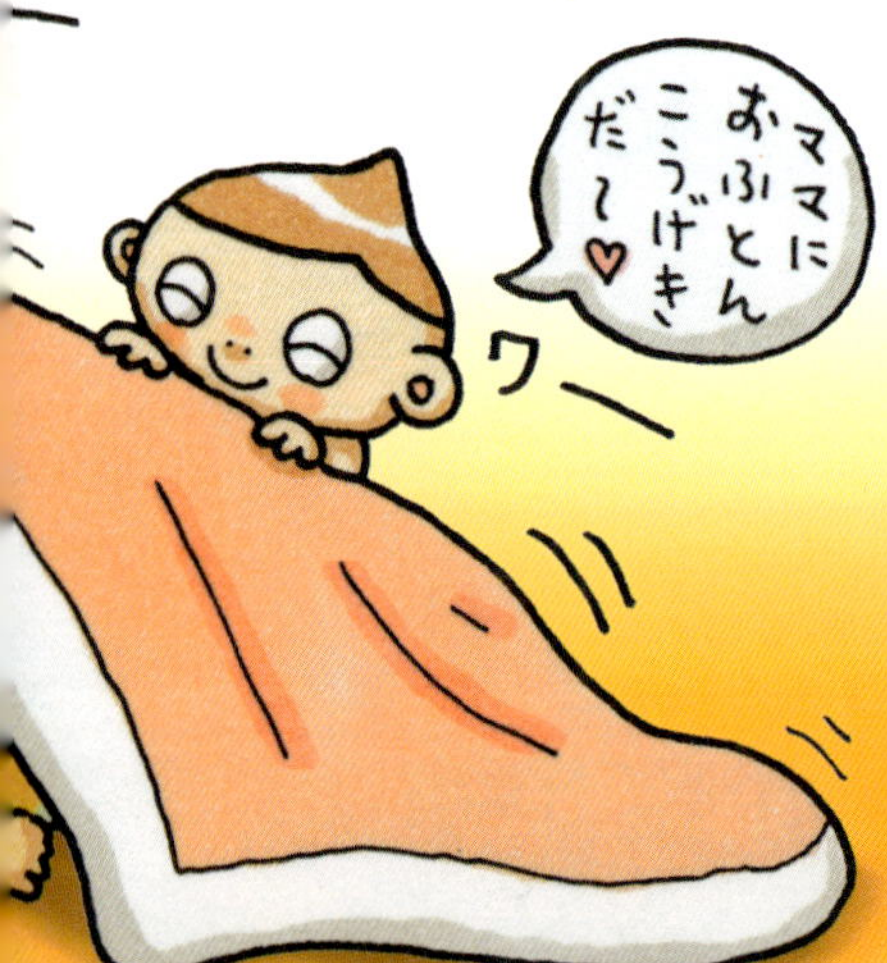

ボクも
おなかの
中から
いつも
ママを
守ってる
からね。

高く遠く

目の前に壁があらわれたり、高い場所に登ってしまったときに、僕らの足はすくみます。それはきっと「これで失敗したら、今まで築き上げてきたものがダメになっちゃう」って思うから。もし、それまでに築き上げてきたものが何もなければ、きっと怖くなんかない。築き上げたものがあるから、怖くなる。

「怖いな」って思うってことは、築き上げて来たってことの証で、誇りに思えることなんです。

そう思うと、恐れなしに成長はないのかもしれません。

カベにぶつかるとは
そいだけ前に進んだけん。
高さに足がすくむとは
そいだけ高く登ったけん。

すべてはあかし。

成長の
あかし。

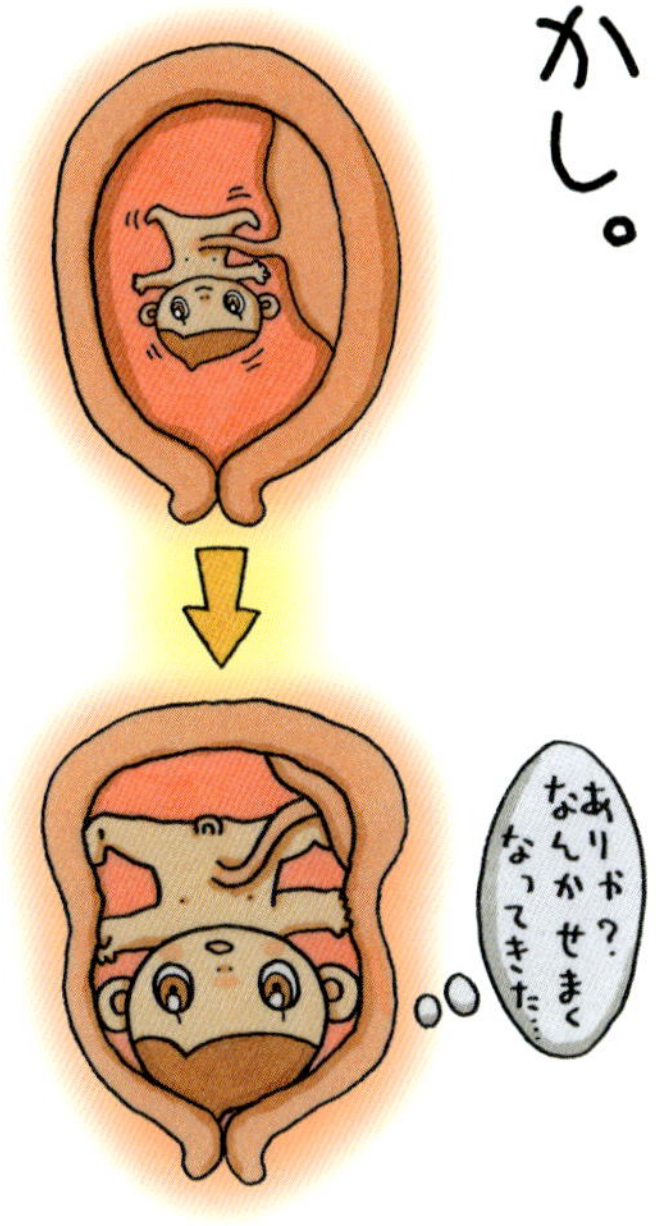

名前のよろこび

僕は、小学校四年生くらいのときに「満」って漢字を習ったんだけど、そのときは本当に嬉しくってしょうがなかった。「あれ、俺の名前！」って授業中に、もう大騒ぎ（笑）。そのときの気持ちっていうのを今の子どもたちにも味わわせてあげたい。最近では、「意味」よりも、サウンドだけでつけたような、大人でも書けないし読めないような、むずかしい漢字の名前が多いけど、それよりも、たとえばパパとママの名前を一文字ずつとったりする名前のほうが、子どもは嬉しいんじゃないかな。「うちの父ちゃんがなんとかって名前で、うちの母ちゃんがなんとかって名前だから、その名前を少しずつもらったんよ」っていう感じにね。これはあくまで僕の提案ですけど（笑）。…「もう難しい漢字の名前をつけちゃったよ」っていうパパとママ、本当にごめんなさい（笑）。

英語のごたる響きの
難しか漢字の名前も
悪うは、なかばってん、
パパとママの
半分づつば
もらった名前も
よかて思う。

学校で名前ば習う
喜びば 味あわせてあげて
欲しいっちゃん。

最初で最後のその空を

パパに、ぜひやってみてほしいのが、これです。

雨降ってても、どんな天気でもいいから、赤ちゃんが生まれたときの空を撮って、子どもが大きくなったときに「これが、お前が生まれたときの空だよ」って見せてあげてほしい。そういうふうに何かを残してくれると、子どもはいつか、「あ、父ちゃんもちゃんと愛してくれてたんだ…」ってかならず気付くから。

僕も見てみたいんです。自分が生まれた日の空が、どんな空だったのかを。

運命のその日
パパはママの手を
にぎる以外にも
重要なお仕事
があるのです。
それは、その日の空の
写真を撮ることです。

みちくさという花

失敗しても遠回りしても、やっぱ時間をかけた分だけ、いろんな思い出は増える。たとえば、旅行にしても、車に乗って、飛行機乗って、新幹線乗って…って、時間と手間をかけることで思い出ってたくさんできるじゃないですか。目的地に着いてからしたことだけではなく、目的地に行くための道のりで経験したことって思い出にも、その後の力にもなる。そう思うと、妊娠中も、思い通りにならなくて遠回りしちゃったり、予定日なのになかなか生まれないなんてこともあるかもしれないけど、それで思い出が増えてるって思えばすこし楽になるかなって思うんです。急いで目的を達成することだけに意味があるわけじゃない。道程を味わう楽しみを忘れないでくださいね。

たくさんじかん
かけて
よかとばい。
かかった
じかんの
ぶんだけ
おもいでが
ふえる
っちゃけん。

育自

妊娠中ってとくに、自分と向き合うことになる時間だと思うんです。まあ、「育児＝育自」ってダジャレみたいなもんだけど。子どもを育てながら必ずお母さんも成長しているはずだから、これをチャンスだと思って、自分自身のことも育ててほしい。そうしたらその時間をもっともっと活かせるし、愛せるんじゃないでしょうか。「ピンチはチャンス」じゃないけど、カラカラに乾いたスポンジの方が、水を吸収しやすいのは確かだと思うから。

おなかの中で
あなたが成長する
あいだは、私に
とっても成長
できるチャンス
なんだ。
そしてそれは
これからもつづく
育児ってきっと
育自でもあると
思うから。

ボクはナイト

ある本に書いてあったんですが、胎内記憶を残している子どもたちの中には、「ママを守るために生まれてきた」というハッキリとした使命を持って生まれてくる子も多いらしいです。

そう思うと、赤ちゃんたちは「守られるために生まれてくる」のではなくて、「守るために生まれてくる」のかもしれません。小さくてまだ弱いけど、生まれてくる赤ちゃんはママにとっての騎士《ナイト》なのかもしれませんね。

ママいつもいつも
守ってくれて
ありがとう。
うまれたら
そしたら
こんどはボクが
ママのコトを
守ってあげるからね！

それだけで

僕の友だちで保育所に務めてる人がいて、その子から聞いた話しなんですが、あるとき、カラダに大きなアザのような跡がある二歳くらい女の子がいたらしいんです。そういうのって普通だったらイヤなところって捉えがちでしょ。でもその子は友だちに向かって「これはね、わたしのしるしなの」って言ったらしいんです。きっと、その子の親が「これはね、あなたがあなたであるしるしなんだよ」って教えてあげたんでしょうね。その話を聞いたとき、そういうふうに短所だと捉えがちなところも個性だって思えたら素敵だなぁって思いました。個性ってウラを返せば長所じゃないですか。だからそういうふうに愛してあげてほしいなと思います。そう思うと、僕も個性だらけの長所のかたまりのような人間です…（苦笑）。

産まれてくるあなたに…もしも
短所があったとしても、あなたの
かわいさやいとしさには、なんら
かわりはないし、
むしろ、私は
それを個性と
呼ぶと思う。
高望みはしなくなった。人より
すぐれてなんか、なくったっていいよ
生まれてきてくれたら、もう
それだけでいい。まってるよ。

©ママ

宝物の時間

ママと赤ちゃんがお互いに生きている意味を与え合う。それってとっても素敵だと思いませんか？　でもそれって、すべての生き物の根本なのかもしれません。「呼吸」というか、どっちが先かはわからないけど、吸うことと吐くことの関係に似ているような気がします。

妊娠・出産って本当に本当にすばらしいですね。うらやましいぞ！　コンニャロ〜ッ！（笑）

ひとつのからだに
ふたつの心臓《いのち》、
生きてる
だけで
それだけで
誰かの役に
立ってると
実感できる
十ヶ月間《しゅんかん》

とうとう誕生の時がきました。

「うぅー、うーん…」

分娩室にいるママは歯を食いしばってとてもツラそう。

「ハーハー、く、くるしいよぅ…」

くるしそうなママと同じように、

ボクもまた、その場に座りこんでしまいました。

「ママとおまえは、ふたつでひとつやけん。

ママがきつかときは

おまえもきつかっちゃん…

ここはおいどんに任せてやすんどけ」

そう言うと小豆たちは

ママのまわりをとりかこみ、応援をはじめました。

「フレー！　フレー！」

それにあわせてピッピも「ピッピッ」と

フエを吹きながら踊りはじめました。
ボクもいっしょに応援したいのに、ぜんぜん力が入りません。
まるで体ぜんぶが心臓になったみたいにドキドキして、
クラクラと、めまいがしてきました。

「もうダメ…ダメ…」

ママの弱音も聞こえてきます。


小豆たちが、力のかぎり、そんなママを励ましています。

「フレー！　フレー！　かっあっちゃん！」


けれど…やっぱりママはつらそうです。

「もう…ダメ…ごめん…赤ちゃん…ごめんね…」

朦朧《もうろう》としたママを見て、ボクは力を振り絞って叫びました。

「…マ、ママ！　がんばって！」

すると、ママがポツリとつぶやきました。

「あ…赤ちゃんの声…

私の赤ちゃんの声が聞こえる…」

聞こえるはずのないボクの声が、
ママに届いたのです。
それには小豆たちもビックリ。

少しずつママに力が戻ってきます。

ボクは、無我夢中で応援しました。

「ママ…がんばれ…フレーフレーママ…ファイト！」

ママが息むときは一緒に息んで、呼吸を合わせながら…。


するとママは、意識を取り戻し、今度はハッキリと言いました。

「先生…赤ちゃんが、私を応援してる。

赤ちゃんもがんばってくれてる…。

私、…負けません…がんばります」

ボクがママの手を握ると、ママはギュッと握り返してくれました。

その時でした。
「赤ちゃんの頭が出てきました〜。もうすぐですよ〜」
先生が言いました。

ママが握ってくれていたボクの手が透けていきました。
もうママの手はなにもつかんでいません。

次の瞬間、あたりが明るくなり、
まっ白な世界へと変わっていきました。
うっすらと、小豆たちの姿が見えます。
「おめでとう…」と手を振っているみたいでした。
ボクは涙が止まりません。

すべては光の中に包まれて見えなくなり、
その光の中にトビラのようなものが見えはじめました。
そこから外へ出ようとした瞬間、
パーっと、よりいっそうの光とぬくもりが
ボクをやさしく包み込みました…。

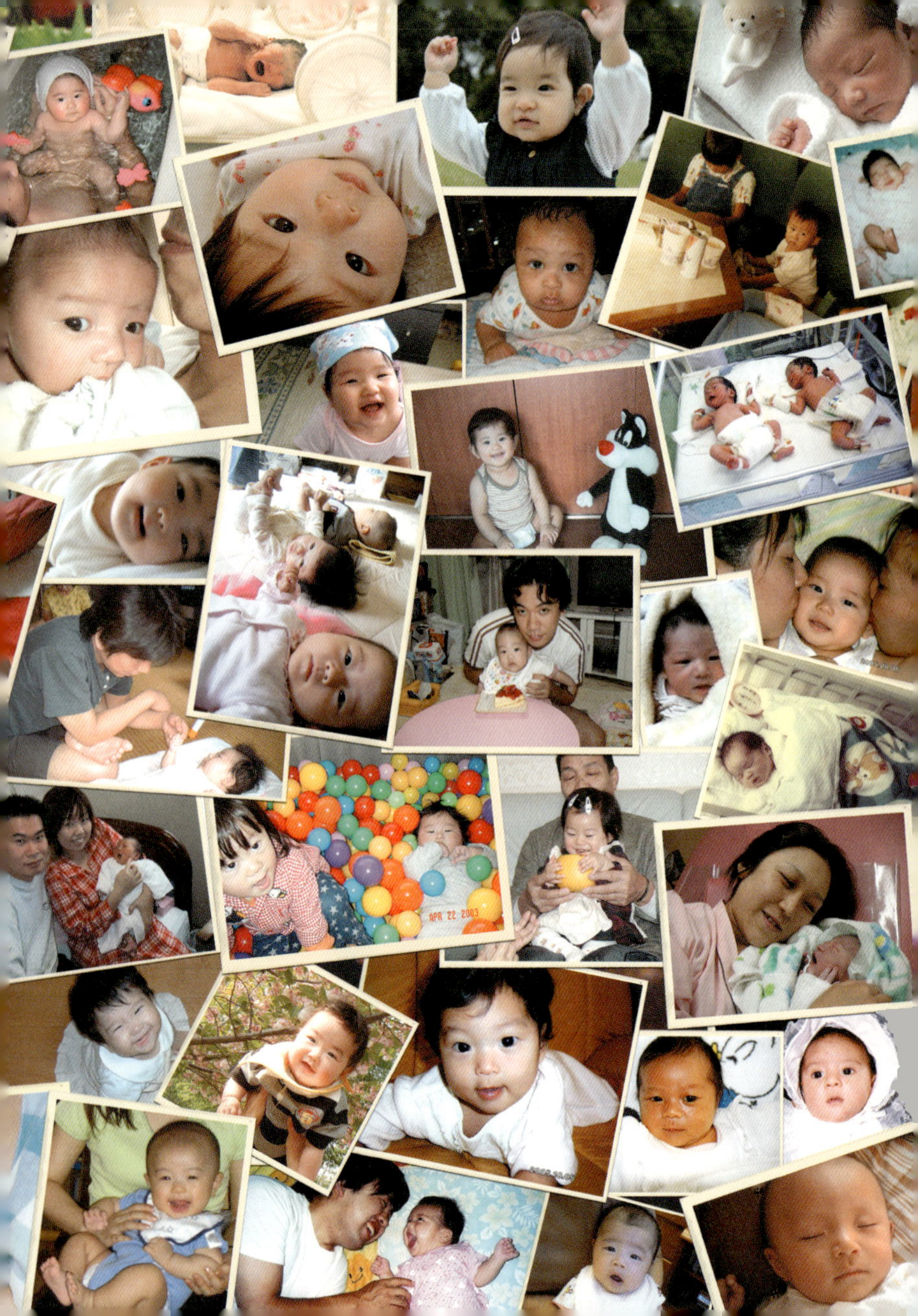
APR 22 2003

おわりに

子どもを産めるわけでもなく、ましてや結婚したわけでもない僕が、この本を書いたのは、以前に出した『雨のちレインボー』という本がきっかけでした。

その本が発売されてしばらく経ったある日、友だちから「お前の本、紹介されてるよ」って教えてもらったのが、妊婦さんや、子どもが欲しいと願ってる人たちのHPやブログでした。その本は、もともとそういう方々に向けて書いたわけではなかったのに、思わぬところから反響があったことに、僕はものすごい衝撃を受けました。そんなこともあって「いずれ、妊婦さんや、これからママになりたいって思っている人たちに向けて、妊娠して出産するまでの10ヶ月間を描きたいな」って思う

ようになったのです。めずらしく自分から率先して、「ひとつのテーマで一冊の本を創りたい」と強く思いました。

そしてこの本『いつもみてるよ。がんばってるの、しってるよ。』を創る、いちばん最初の会議の時に、分娩台の上でがんばって産もうとしているお母さんと、おなかの赤ちゃんがそれを見ながら「がんばれ！」って応援している絵がパッて頭に浮かんで、それから一気にイメージが広がりました。たとえば、お母さんの呼びかけに、一生懸命応えてる赤ちゃんや、必死にお母さんの背中をさすってる赤ちゃん…。そのとき「あぁ…オレ、このシーンが描きたいんだな。おなかの赤ちゃんはお母さんの努力をちゃんと全部見てるんだっていうのが描きたいな…」って思ったんです。その気持ちは徐々に、「これは絶対オレが描かなきゃ！」っていう使命感みたいなものに変わっていきました。創り始めてからも、こんなに「今ね、こんな本を創ってるんだ」って人に話したことはなかったかもしれません。

製作がはじまってまもなく、家族にも「今こんな本を創ってるんだよ」って話をしました。そうしたらそのとき、母ちゃんが「満《ミツル》がその本を描くのは、もしかしたら必然かもしれないね」って言ったんです。実は、うちの母ちゃん、カラダが弱いこともあって、兄ちゃんを生んだ後、僕を生む前に一人赤ちゃんを諦めていたんです。そのとき、お医者さんにも「もう子どもはムリかもしれません」って言われたらしいんですが、それでも、もう一度がんばって僕を生んでくれました。それを知ったのは、この本を創るって決めてからのこと。初めて知ったときに僕は「きっとその子もオレも、両方オレだわ。一回帰ったけど、二回目また来たんだろうな」って思いました。本の中にも描いたけど、そういうのって本当にあると思うんです。

うちの両親はふたりとも足が不自由だったので、外で一緒に遊ぶことはあまりなかったけど、そのかわり、たくさん映画を見せてくれたり、漫画を読ませてくれたり、音楽を聞かせてくれたり…いろんなことをしてくれました。兄ちゃんも親のかわりのように外でいっぱい遊んでくれたし、絵が好きなじいちゃんと父ちゃんは小さい頃から僕の自慢でした。だから僕は、じいちゃん、ばあちゃん、父ちゃん、母ちゃん、そして兄ちゃんていう、うちの家族全員を、空の上からみつけて、「生まれるなら、あの家族がいい」って選んでやってきたんだろうなって、今になって思います。きっと僕は生まれる前から、今みたいな仕事をする人間になりたかったのではないでしょうか？　だから僕はこの家族を選んだのだと思うし、そしてその選択は正しかったのだと思います。だって今、こうして夢が叶ったわけですから。これは、家族が叶えてくれた夢でもあるわけです。

もしかしたら、「家族とうまく会話ができない」とか「家族のことすごく好きなのに照れて話せない」っていう人もいるかもしれません。でも、どんなときも、お母さんや周りの家族みんなが一生懸命育ててくれたことは忘れないでほしいし、自分が自分の家族を選んだってことを信じてほしいです。

最後に、一度断念しそうになったうちの母ちゃんがそうだったように、今はまだ赤ちゃんがおなかに来ていない人でも、くじけずに地道に準備や努力を続けることで、きっと妊娠できるはずだと僕は信じています。その努力を、姿を、空の上から赤ちゃんたちはきっとちゃんと見ているはずですから…。

プレッシャーには感じてほしくないけれど、もう一度だけ伝えさせてください。

「がんばって！」

僕はいつも応援しています。赤ちゃんたちも、きっと応援してます。今身ごもっている方も、子育て中の方も毎日毎日本当に大変だとは思いますが、赤ちゃんはちゃんと見てます。ひとりじゃないです。だからこれからもがんばり続けてくださいね。

この本の製作期間は、僕自身をものすごく成長させてくれるものでした。でも、だからこそ「生みの苦しみ」は半端なかったです。…とは言っても、やっぱり実際に子どもを生む母親には、まったくかなわないですけど（笑）。

それでは、また…。

たんじょうび
ありがとう
パパとママに
はじめて
もらった
プレゼントは
「たんじょうび」
でした。

いつもみてるよ。がんばってるの、しってるよ。

2006年 2 月14日　初版発行
2011年 6 月10日　第二十刷発行

著者　ナカムラミツル

装丁・デザイン　松本えつを

発行者　道下裕史

発行　株式会社シンク・ディー（Think D出版）
〒101-0051東京都千代田区神田神保町1-60　青木ビル7階
TEL 03-5259-8771 ／ FAX 03-5259-8772

発売　サンクチュアリ出版
〒151-0051東京都渋谷区千駄ヶ谷2-38-1
TEL 03-5775-5192 ／ FAX 03-5775-5193

印刷・製本　中央精版印刷株式会社

PRINTED IN JAPAN
ISBNコードはカバーに記載しております。
落丁本・乱丁本は送料小社負担にてお取替えいたします。